Success with
New HSK (Level 1)

跨越新HSK（一级）模拟试题集

中央广播电视大学对外汉语教学中心 编

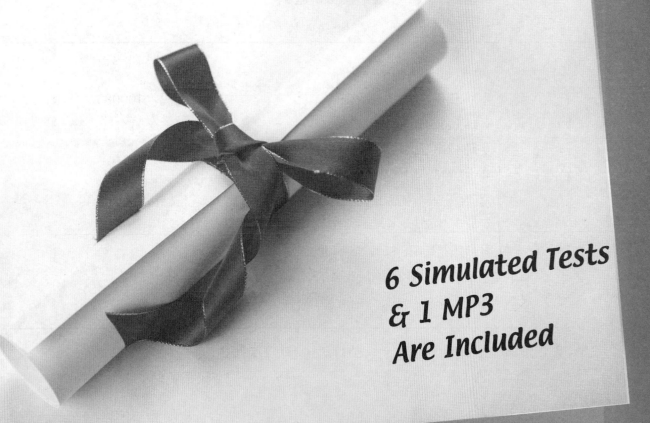

**6 Simulated Tests
& 1 MP3
Are Included**

北京语言大学出版社
BEIJING LANGUAGE AND CULTURE
UNIVERSITY PRESS

中央广播电视大学音像出版社
MULTIMEDIA PRESS, OPEN UNIVERSITY OF CHINA

图书在版编目（CIP）数据

跨越新HSK（一级）模拟试题集 / 中央广播电视大学
对外汉语教学中心编. -- 北京：北京语言大学出版社，
2011.10
（跨越新HSK）
ISBN 978-7-5619-3165-3

Ⅰ.①跨… Ⅱ.①中… Ⅲ.①汉语 – 对外汉语教学 –
水平考试 – 习题集 Ⅳ.①H195.4-44

中国版本图书馆CIP数据核字(2011)第211748号

封面图片来源：**IMAGEMORE**

书　　名：	跨越新HSK（一级）模拟试题集	
责任印制：	姜正周	

出版发行：北京语言大学出版社
社　　址：北京市海淀区学院路15号　　　　　邮政编码：100083
网　　址：www.blcup.com
电　　话：发行部 82303650/3591/3648
　　　　　编辑部 82301016
　　　　　读者服务部 82303653/3908
　　　　　网上订购电话 82303668
　　　　　客户服务信箱 service@blcup.net
印　　刷：北京联兴盛业印刷股份有限公司
经　　销：全国新华书店

版　　次：2011年10月第1版　　2011年10月第1次印刷
开　　本：889毫米 x 1194毫米　　　　1/16　　　　印张：7
字　　数：201千字
书　　号：ISBN 978-7-5619-3165-3/H·11211
定　　价：25.00元

凡有印装质量问题，本社负责调换。电话：82303590

前言

　　语言水平测试是用来测量人们某一语言能力，检验他们对这一语言的掌握程度的一种测量方式。HSK 作为标准汉语水平测试已经成为外国人来华留学、工作汉语水平测试的一个权威标准。2009 年国家汉办 / 孔子学院总部推出了新汉语水平考试（以下简称新 HSK），它是由中外汉语教学、语言学、心理学和教育测量学等领域的专家，在充分调查、了解海外汉语教学实际情况的基础上，吸收原有 HSK 的优点，借鉴近年来国际语言测试研究最新成果，推出的汉语水平测试。与原有 HSK 相比，新 HSK 秉承"考教结合"、"考试为学习服务"的原则，更重视发展考生的汉语应用能力，在难度、题型、内容、指导思想上都有了较大的调整。因此对于广大考生来说，通过高质量的模拟试题来熟悉新 HSK 的题型、难易程度和考试流程就显得特别重要。为此，中央广播电视大学对外汉语教学中心组织编写了这本新 HSK（一级）模拟试题集，以满足广大考生模拟实战演练的迫切需要。

　　本书共包括 6 套模拟试题，题型包括听力和阅读两个部分，严格依照国家汉办颁布的《新汉语水平考试大纲 HSK（一级）》和《新汉语水平考试一级词汇表》编写，所选的语料在题材、体裁和难度上都力求全面贴近新 HSK。编写者对公布的新 HSK 样卷进行了认真的分析和总结，力求在编写过程中体现出新 HSK 在试题内容和出题角度方面的新变化、新思路。

　　本书的编者均为工作在对外汉语教学一线的教师，他们有着丰富的新 HSK 培训经验，对新 HSK 的出题思路和命题角度都有着深入的研究和思考。此外，部分试题经过编者所教学生的试用，并根据学生在实际使用中的反馈对试卷的内容、难度、命题角度进行了相应的调整，使之更加贴近真题。

　　本书的语料基本选自时下的报刊和网络，真实地反映了汉语在当代社会生活中的使用情况，在编写过程中编者为适应教学需要对文字也有所修改。这些都是社会对我们汉语国际推广工作的贡献，谨此一并致以衷心感谢！

　　希望这套试题集能帮助广大考生朋友在考试前查漏补缺、锻炼实战能力，并预祝广大考生考试成功！

编　者

2011 年 10 月

目录 ❮❮❮❮❮❮❮❮❮❮

新汉语水平考试
HSK（一级）
模拟试题（一）

注　意

一、HSK（一级）分两部分：

1. 听力（20 题，约 15 分钟）

2. 阅读（20 题，15 分钟）

二、答案先写在试卷上，最后 5 分钟再写在答题卡上。

三、全部考试约 40 分钟（含考生填写个人信息时间 5 分钟）。

一、听 力

第一部分

第1-5题

例如：		✓
		✗
1.		
2.		
3.		
4.		
5.		

第二部分

第 6-10 题

例如：			
	A ✓	B	C
6.			
	A	B	C
7.			
	A	B	C
8.			
	A	B	C

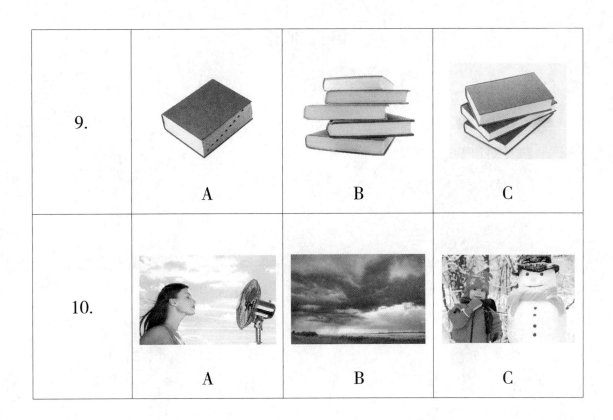

9.	A	B	C
10.	A	B	C

第三部分

第 11-15 题

A

B

C

D

E

F

Nǐ hǎo!
例如：女：你 好!

Nǐ hǎo! Hěn gāoxìng rènshi nǐ.
男：你 好! 很 高兴 认识 你。

C

11.

12.

13.

14.

15.

第四部分

第 16-20 题

例如：
Xiàwǔ wǒ qù shāngdiàn, wǒ xiǎng mǎi yìxiē shuǐguǒ.
下午 我 去 商店， 我 想 买 一些 水果。

Tā xiàwǔ qù nǎlǐ?
问：她 下午 去 哪里？

	shāngdiàn	yīyuàn	xuéxiào
	A 商店 ✓	B 医院	C 学校

	zuò chūzūchē	kāi chē	zuò fēijī
16.	A 坐 出租车	B 开 车	C 坐 飞机

	qī diǎn	bā diǎn	jiǔ diǎn
17.	A 七点	B 八点	C 九点

	xuéxí Hànyǔ	kàn diànshì	kàn diànyǐng
18.	A 学习 汉语	B 看 电视	C 看 电影

	lǎoshī	xuésheng	yīshēng
19.	A 老师	B 学生	C 医生

	hòumiàn	qiánmiàn	lǐmiàn
20.	A 后面	B 前面	C 里面

二、阅 读

第一部分

第 21-25 题

例如：		diànshì 电视	×
		fēijī 飞机	✓
21.		zhuōzi 桌子	
22.		sān diǎn 三 点	
23.		diànyǐng 电影	
24.		huǒchēzhàn 火车站	
25.		shuìjiào 睡觉	

第二部分

第 26-30 题

A

B

C

D

E

F

Wǒ hěn xǐhuan zhè běn shū.

例如: 我 很 喜欢 这 本 书。　　E

Wàimiàn xià yǔ le, yǒudiǎnr lěng.

26. 外面 下 雨 了, 有点儿 冷。

Wǒ xiǎng zuò chūzūchē qù yīyuàn.

27. 我 想 坐 出租车 去 医院。

Wǒ jiā de māo liù ge yuè dà.

28. 我 家 的 猫 六 个 月 大。

Wǒ péngyou hěn xǐhuan kàn diànshì.

29. 我 朋友 很 喜欢 看 电视。

Zhèxiē qián tài shǎo le.

30. 这些 钱 太 少 了。

第三部分

第 31-35 题

例如：Nǐ hē shuǐ ma?
你 喝 水 吗？ **F**

A Zàijiàn!
再见！

31. Wǒmen jīntiān zhōngwǔ qù nǎr chī fàn?
我们 今天 中午 去哪儿 吃 饭？ ☐

B Hěn lěng.
很 冷。

32. Nǐ māma shénme shíhou lái?
你 妈妈 什么 时候 来？ ☐

C Huì yìdiǎnr.
会 一点儿。

33. Jīntiān de tiānqì zěnmeyàng?
今天 的 天气 怎么样？ ☐

D Fànguǎn.
饭馆。

34. Hěn gāoxìng rènshi nǐ. Zàijiàn!
很 高兴 认识你。再见！ ☐

E Xiàwǔ.
下午。

35. Nǐ huì shuō Hànyǔ ma?
你 会 说 汉语吗？ ☐

F Hǎo de, xièxie!
好 的, 谢谢！

第四部分

第 36-40 题

	rènshi		hē		běn		míngzi		ma		qǐng
A	认识	B	喝	C	本	D	名字	E	吗	F	请

Nǐ jiào shénme
例如：你 叫 什么 （ D ）?

wèn, yīyuàn zài nǎr?
36. （   ）问，医院 在 哪儿?

Tiānqì tài rè le, wǒ xiǎng   diǎnr shuǐ.
37. 天气 太 热 了，我 想（   ）点儿 水。

Nǐ xǐhuan chī Zhōngguó cài
38. 你 喜欢 吃 中国 菜（   ）?

Wǒ zuótiān qù shūdiàn mǎile liǎng   shū.
39. 我 昨天 去 书店 买了 两（   ）书。

Tā bú shì wǒ de péngyou, wǒ bú   tā.
40. 她 不 是 我 的 朋友，我 不（   ）她。

新汉语水平考试

HSK（一级）

模拟试题（二）

注　意

一、HSK（一级）分两部分：

　　1. 听力（20题，约15分钟）

　　2. 阅读（20题，15分钟）

二、答案先写在试卷上，最后5分钟再写在答题卡上。

三、全部考试约40分钟（含考生填写个人信息时间5分钟）。

一、听 力

第一部分

第 1–5 题

例如：		✓
		✗
1.		
2.		
3.		
4.		
5.		

第二部分

第 6-10 题

例如：	 A ✓	 B	 C
6.	 A	 B	 C
7.	 A	 B	 C
8.	 A	 B	 C

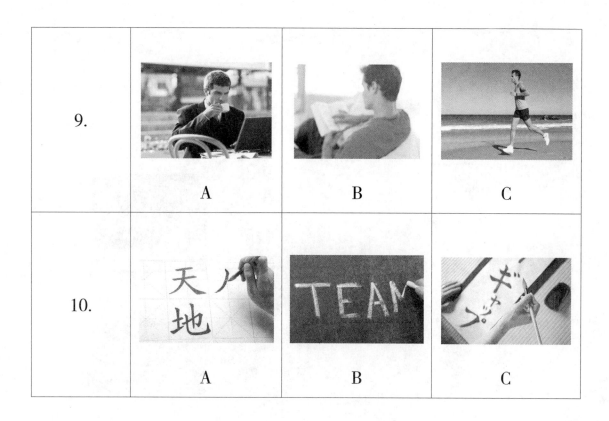

9.   A   B   C

10.   A   B   C

第三部分

第 11-15 题

A ![calendar 2011 四月 7 辛卯(兔)年 三月初五]	B ![restaurant interior]
C ![handshake]	D ![man in car]
E ![woman at desk]	F ![fruit stand]

Nǐ hǎo!
例如：女：你 好！

Nǐ hǎo! Hěn gāoxìng rènshi nǐ.
男：你 好！很 高兴 认识 你。 　　　　　　[C]

11. 　　　　　　　　　　　　　　　　　　　[ ]

12. 　　　　　　　　　　　　　　　　　　　[ ]

13. 　　　　　　　　　　　　　　　　　　　[ ]

14. 　　　　　　　　　　　　　　　　　　　[ ]

15. 　　　　　　　　　　　　　　　　　　　[ ]

第四部分

第 16-20 题

Xiàwǔ wǒ qù shāngdiàn, wǒ xiǎng mǎi yìxiē shuǐguǒ.
例如：下午 我 去 商店， 我 想 买 一些 水果。

Tā xiàwǔ qù nǎlǐ?
问：她 下午 去 哪里?

	shāngdiàn		yīyuàn		xuéxiào
A	商店 ✓	B	医院	C	学校

	jīntiān		míngtiān		zuótiān
16. A	今天	B	明天	C	昨天

	xuéxiào		yīyuàn		fànguǎn
17. A	学校	B	医院	C	饭馆

	shísān suì		shísì suì		shíwǔ suì
18. A	十三 岁	B	十四 岁	C	十五 岁

	bàba		māma		péngyou
19. A	爸爸	B	妈妈	C	朋友

	yī diǎn		shíyī diǎn		shí diǎn
20. A	一点	B	十一 点	C	十 点

二、阅 读

第一部分

第 21-25 题

例如：		diànshì 电视	×
		fēijī 飞机	✓
21.		tóngxué 同学	
22.		chá 茶	
23.		yǐzi 椅子	
24.		xiānsheng 先生	
25.		píngguǒ 苹果	

第二部分

第 26-30 题

A

B

C

D

E

F

Wǒ hěn xǐhuan zhè běn shū.
例如：我 很 喜欢 这 本 书。   E

Wǒ kànjiàn yīyuàn le.
26. 我 看见 医院 了。

Tā péngyou xiànzài zài huǒchēzhàn.
27. 他 朋友 现在 在 火车站。

Dìdi chīle hěn duō píngguǒ.
28. 弟弟 吃了 很 多 苹果。

Wǒ jiā de diànshì hěn dà.
29. 我 家的 电视 很 大。

Tā nǚ'ér hěn piàoliang.
30. 他 女儿 很 漂亮。

— 21 —

第三部分

第 31-35 题

例如：
Nǐ hē shuǐ ma?
你 喝 水 吗？   F

A   Liù diǎn shí fēn.
六 点 十 分。

31. Nǐ jǐ yuè huí guó?
你 几 月 回 国？   □

B   Xuéxiào.
学校。

32. Wǒ xiànzài xiǎng shuìjiào, nǐ míngtiān lái hǎo ma?
我 现在 想 睡觉，你 明天 来 好 吗？   □

C   Wǔ yuè.
五 月。

33. Xiànzài jǐ diǎn?
现在 几 点？   □

D   Hǎo de.
好 的。

34. Nǐ xiàwǔ qù nǎr?
你 下午 去 哪儿？   □

E   Sān ge.
三 个。

35. Zhèr yǒu jǐ ge huǒchēzhàn?
这儿 有 几个 火车站？   □

F   Hǎo de, xièxie!
好 的，谢谢！

第四部分

第 36-40 题

A 能　　B 对不起　　C 电影　　D 名字　　E 汉语　　F 哪

例如：你 叫 什么 （ D ）？

36. 我们 几 点 去 看（　　）？

37. （　　），我 不 会 写 这个 汉字。

38. 我 今天 不（　　）去 学校。

39. 这个 学生 是（　　）国 人？

40. 女儿 在 学习（　　）呢。

新汉语水平考试
HSK（一级）
模拟试题（三）

注　意

一、HSK（一级）分两部分：

　　1. 听力（20题，约15分钟）

　　2. 阅读（20题，15分钟）

二、答案先写在试卷上，最后5分钟再写在答题卡上。

三、全部考试约40分钟（含考生填写个人信息时间5分钟）。

一、听 力

第一部分

第1-5题

例如：		✓
		✗
1.		
2.		
3.		
4.		
5.		

第二部分

第 6-10 题

例如：	 A ✓	 B	 C
6.	 A	 B	 C
7.	 A	 B	 C
8.	 A	 B	 C

9.	 A	B	C
10.	A	B	C

第三部分

第 11-15 题

A

B

C

D

E

F

Nǐ hǎo!
例如：女：你 好!
Nǐ hǎo! Hěn gāoxìng rènshi nǐ.
男：你 好! 很 高兴 认识 你。

C

11.

12.

13.

14.

15.

第四部分

第 16–20 题

Xiàwǔ wǒ qù shāngdiàn，wǒ xiǎng mǎi yìxiē shuǐguǒ.
例如：下午 我 去 商店， 我 想 买一些 水果。

Tā xiàwǔ qù nǎlǐ?
问：她 下午 去 哪里?

shāngdiàn	yīyuàn	xuéxiào
A 商店 ✓	B 医院	C 学校

	kàn shū	xué Hànyǔ	kàn diànyǐng
16.	A 看 书	B 学 汉语	C 看 电影

	lǎoshī	yīshēng	xuésheng
17.	A 老师	B 医生	C 学生

	shàngwǔ bā diǎn	xiàwǔ shí diǎn	shàngwǔ shí diǎn
18.	A 上午 八 点	B 下午 十 点	C 上午 十 点

	sān yuè èrshí rì	sān yuè shí rì	sì yuè èrshí rì
19.	A 三 月 二十 日	B 三 月 十 日	C 四 月 二十 日

	shuǐguǒ	yīfu	píngguǒ
20.	A 水果	B 衣服	C 苹果

二、阅 读

第一部分

第 21–25 题

例如：		diànshì 电视	✕
		fēijī 飞机	✓
21.		érzi 儿子	
22.		xiǎojiě 小姐	
23.		yīshēng 医生	
24.		gǒu 狗	
25.		chūzūchē 出租车	

第二部分

第 26-30 题

A

B

C

D

E

F

Wǒ hěn xǐhuan zhè běn shū.

例如：我 很 喜欢 这 本 书。　　　　E

Bàba zuótiān méi qù gōngzuò.

26. 爸爸 昨天 没去 工作。

Wǒ qù yīyuàn kàn péngyou.

27. 我 去 医院 看 朋友。

Nǚ'ér jīntiān hěn gāoxìng.

28. 女儿 今天 很 高兴。

Diànnǎo zài zhuōzi shàngmiàn.

29. 电脑 在 桌子 上面。

Wǒ hé péngyou dōu xǐhuan chī Zhōngguó cài.

30. 我 和 朋友 都 喜欢 吃 中国 菜。

第三部分

第 31–35 题

Nǐ hē shuǐ ma?
例如：你 喝 水 吗？　　　　F　　　Hěn duō.
　　　　　　　　　　　　　　　　　A　很 多。

Nǐ jiā yǒu xiǎogǒu ma?
31. 你家 有 小狗 吗？　　　　□　　　Bú kèqi!
　　　　　　　　　　　　　　　　　B　不 客气！

Nǐ de Hànyǔ hěn hǎo.
32. 你的 汉语 很 好。　　　　□　　　Yīyuàn.
　　　　　　　　　　　　　　　　　C　医院。

Nǐ de tóngxué duōbuduō?
33. 你的 同学 多不多？　　　　□　　　Xièxie!
　　　　　　　　　　　　　　　　　D　谢谢！

Xièxie nǐ qǐng wǒ chī fàn!
34. 谢谢 你请 我 吃饭！　　　　□　　　Méiyǒu.
　　　　　　　　　　　　　　　　　E　没有。

Nǐ bàba zài nǎr gōngzuò?
35. 你 爸爸 在 哪儿 工作？　　　　□　　　Hǎo de, xièxie!
　　　　　　　　　　　　　　　　　F　好 的，谢谢！

第四部分

第 36-40 题

suì	rènshi	xiě	míngzi	zhù	rè
A 岁	B 认识	C 写	D 名字	E 住	F 热

Nǐ jiào shénme
例如：你 叫 什么 （ D ）？

Nǐ zhège zì ma?
36. 你（   ）这个 字 吗？

Wǒ de Zhōngguó péngyou zài Běijīng.
37. 我 的 中国 朋友 （   ）在 北京。

Jīntiān tiānqì hěn
38. 今天 天气 很（   ）。

Wǒ érzi bú huì wǒ de míngzi.
39. 我 儿子 不 会（   ）我 的 名字。

Tā jīnnián shíbā
40. 他 今年 十八（   ）。

新汉语水平考试
HSK（一级）
模拟试题（四）

注　意

一、HSK（一级）分两部分：

    1. 听力（20题，约15分钟）

    2. 阅读（20题，15分钟）

二、**答案先写在试卷上，最后5分钟再写在答题卡上。**

三、全部考试约40分钟（含考生填写个人信息时间5分钟）。

一、听 力

第一部分

第 1-5 题

例如：		✓
		✗
1.		
2.		
3.		
4.		
5.		

第二部分

第 6-10 题

例如：	 A ✓	 B	 C
6.	 A	 B	 C
7.	 A	 B	 C
8.	 A	 B	 C

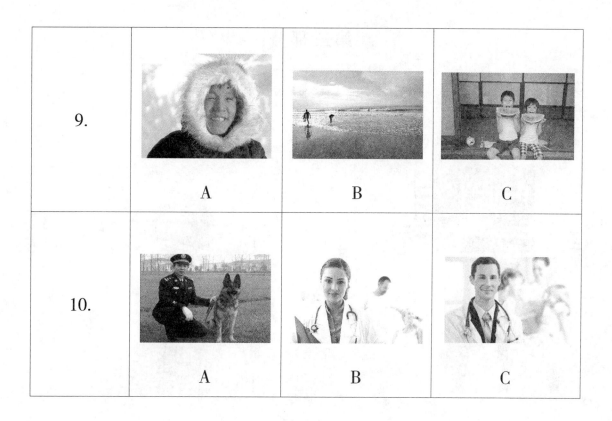

第三部分

第 11-15 题

A

B

C

D

E

F

Nǐ hǎo!
例如：女：你 好！

Nǐ hǎo! Hěn gāoxìng rènshi nǐ.
男：你 好！很 高兴 认识 你。

C

11.

12.

13.

14.

15.

第四部分

第 16-20 题

例如：
Xiàwǔ wǒ qù shāngdiàn, wǒ xiǎng mǎi yìxiē shuǐguǒ.
下午 我 去 商店， 我 想 买 一些 水果。

Tā xiàwǔ qù nǎlǐ?
问：她 下午 去 哪里?

	shāngdiàn		yīyuàn		xuéxiào
A	商店 ✓	B	医院	C	学校

	shuǐ		cài		shū
16. A	水	B	菜	C	书

	zuò chūzūchē		zuò fēijī		zuò huǒchē
17. A	坐 出租车	B	坐 飞机	C	坐 火车

	wǒ péngyou		wǒ māma		wǒ péngyou de māma
18. A	我 朋友	B	我 妈妈	C	我 朋友 的 妈妈

	zuótiān xiàwǔ		jīntiān shàngwǔ		míngtiān shàngwǔ
19. A	昨天 下午	B	今天 上午	C	明天 上午

	tài dà le		tài xiǎo le		tài piàoliang le
20. A	太 大 了	B	太 小 了	C	太 漂亮 了

二、阅 读

第一部分

第 21-25 题

例如：		diànshì 电视	×
		fēijī 飞机	✓
21.		shuǐguǒ 水果	
22.		lǎoshī 老师	
23.		yīyuàn 医院	
24.		diànshì 电视	
25.		fànguǎn 饭馆	

第二部分

第 26-30 题

A

B

C

D

E

F

Wǒ hěn xǐhuan zhè běn shū.
例如：我 很 喜欢 这 本 书。 | E |

Wǒ māma zhège xīngqīsì huí Zhōngguó.
26. 我 妈妈 这个 星期四 回 中国。

Zhuōzi shang yǒu liǎng běn shū hé yí ge bēizi.
27. 桌子 上 有 两 本 书 和 一 个 杯子。

Wǒ de lǎoshī xǐhuan hē chá.
28. 我 的 老师 喜欢 喝 茶。

Wǒ bàba huì kāi chē.
29. 我 爸爸 会 开 车。

Běijīng jīntiān xià yǔ le.
30. 北京 今天 下 雨 了。

第三部分

第 31-35 题

Nǐ hē shuǐ ma?
例如：你 喝 水 吗? ☐F

Péngyou.
A 朋友。

Nǐ péngyou de nǚ'ér jīnnián jǐ suì le?
31. 你 朋友 的 女儿 今年 几 岁 了? ☐

Xièxie!
B 谢谢!

Nǐ xiǎng nǎ tiān qù Běijīng?
32. 你 想 哪天 去 北京? ☐

Qī suì.
C 七 岁。

Nǐ yǒu jǐ ge Zhōngguó péngyou?
33. 你 有 几个 中国 朋友? ☐

Xīngqī'èr.
D 星期二。

Nǐ hé shéi qù shāngdiàn mǎi dōngxi?
34. 你 和 谁 去 商店 买 东西? ☐

Sì ge.
E 四个。

Nǐ de yīfu hěn piàoliang.
35. 你 的 衣服 很 漂亮。 ☐

Hǎo de, xièxie!
F 好 的，谢谢!

第四部分

第 36-40 题

xiǎng	dōu	ne	míngzi	zài	tài
A 想	B 都	C 呢	D 名字	E 在	F 太

Nǐ jiào shénme
例如：你 叫 什么 （ D ）？

Bàba zài shuìjiào
36. 爸爸 在 睡觉（   ）。

Wǒ hé péngyou   ài chī Zhōngguó cài.
37. 我 和 朋友（   ）爱 吃 中国 菜。

Nǐ   shénme shíhou qù mǎi shuǐguǒ?
38. 你（   ）什么 时候 去 买 水果？

Wǒ tóngxué   huǒchēzhàn gōngzuò.
39. 我 同学（   ）火车站 工作。

Zhège píngguǒ   xiǎo le.
40. 这个 苹果（   ）小 了。

新汉语水平考试
HSK（一级）
模拟试题（五）

注　意

一、HSK（一级）分两部分：

    1. 听力（20 题，约 15 分钟）

    2. 阅读（20 题，15 分钟）

二、答案先写在试卷上，最后 5 分钟再写在答题卡上。

三、全部考试约 40 分钟（含考生填写个人信息时间 5 分钟）。

一、听 力

第一部分

第 1-5 题

例如：		✓
		✗
1.		
2.		
3.		
4.		
5.		

第二部分

第 6-10 题

例如:			
	A ✓	B	C
6.			
	A	B	C
7.			
	A	B	C
8.			
	A	B	C

| 9. | A | B | C |
| 10. | A | B | C |

第三部分

第 11–15 题

A

B

C

D

E

F

Nǐ hǎo!
例如：女：你 好！

Nǐ hǎo! Hěn gāoxìng rènshi nǐ.
男：你 好！很 高兴 认识 你。 C

11. ☐

12. ☐

13. ☐

14. ☐

15. ☐

第四部分

第 16-20 题

Xiàwǔ wǒ qù shāngdiàn，wǒ xiǎng mǎi yìxiē shuǐguǒ.
例如：下午 我 去 商店， 我 想 买一些 水果。

Tā xiàwǔ qù nǎlǐ?
问：她下午去哪里？

	shāngdiàn	yīyuàn	xuéxiào
	A 商店 ✓	B 医院	C 学校

	zuótiān	jīntiān	míngtiān
16.	A 昨天	B 今天	C 明天

	māma	bàba	wǒ
17.	A 妈妈	B 爸爸	C 我

	liǎng ge	sān ge	sì ge
18.	A 两 个	B 三个	C 四个

	zhuōzi	diànnǎo	yīfu
19.	A 桌子	B 电脑	C 衣服

	shāngdiàn	xuéxiào	yīyuàn
20.	A 商店	B 学校	C 医院

二、阅读

第一部分

第 21–25 题

例如：		diànshì 电视	×
		fēijī 飞机	✓
21.		yīyuàn 医院	
22.		diànnǎo 电脑	
23.		xuésheng 学生	
24.		gāoxìng 高兴	
25.		fànguǎn 饭馆	

第二部分

第 26-30 题

A

B

C

D

E

F

Wǒ hěn xǐhuan zhè běn shū.
例如：我 很 喜欢 这 本 书。　　E

Wǒ xiǎng hē yì bēi chá.
26. 我 想 喝一 杯 茶。

Bàba qù shāngdiàn mǎi shuǐguǒ le.
27. 爸爸去 商店 买 水果 了。

Jīntiān huǒchēzhàn rén hěn duō.
28. 今天 火车站 人 很 多。

Wǒ ài wǒ de gǒu.
29. 我 爱 我 的 狗。

Jīntiān xuéle sān ge Hànzì, wǒ hěn gāoxìng.
30. 今天 学了 三 个 汉字，我 很 高兴。

第三部分

第 31-35 题

Nǐ hē shuǐ ma?
例如：你 喝 水 吗？   [F]   A Xuéxiào.
学校。

Jīntiān zhōngwǔ wǒmen chī shénme?
31. 今天 中午 我们 吃 什么？   [ ]   B Mǐfàn.
米饭。

Míngtiān nǐ qù nǎr?
32. 明天 你 去 哪儿？   [ ]   C Chūzūchē.
出租车。

Nǐmen zuò shénme chē qù huǒchēzhàn?
33. 你们 坐 什么 车 去 火车站？   [ ]   D Xièxie!
谢谢！

Nǐ shì qù Běijīng xuéxí Hànyǔ ma?
34. 你 是 去 北京 学习 汉语 吗？   [ ]   E Bú shì, qù gōngzuò.
不 是，去 工作。

Nǐ de nǚ'ér hěn piàoliang!
35. 你 的 女儿 很 漂亮！   [ ]   F Hǎo de, xièxie!
好 的，谢谢！

第四部分

第 36-40 题

	chī		ài		lěng		míngzi		xiē		yuè
A	吃	B	爱	C	冷	D	名字	E	些	F	月

Nǐ jiào shénme
例如：你 叫 什么 （ D ）？

Zhège　　　yǒu sānshí tiān.
36. 这个（ 　 ）有 三十 天。

Wǒ qù mǎi yì　　　shuǐguǒ.
37. 我 去 买 一（ 　 ）水果。

Xià yǔ le, tiānqì yǒudiǎnr
38. 下雨了，天气 有点儿（ 　 　 ）。

Jīntiān zhōngwǔ　　　mǐfàn.
39. 今天 中午 （ 　 ）米饭。

Bàba māma dōu hěn　　　nǚ'ér.
40. 爸爸 妈妈 都 很（ 　 ）女儿。

新汉语水平考试
HSK（一级）
模拟试题（六）

注　意

一、HSK（一级）分两部分：

　　1. 听力（20题，约15分钟）

　　2. 阅读（20题，15分钟）

二、答案先写在试卷上，最后5分钟再写在答题卡上。

三、全部考试约40分钟（含考生填写个人信息时间5分钟）。

一、听 力

第一部分

第 1–5 题

例如：		✓
		✗
1.		
2.		
3.		
4.		
5.		

第二部分

第 6–10 题

例如：	 A ✓	 B	 C
6.	 A	 B	 C
7.	 A	 B	 C
8.	 A	 B	 C

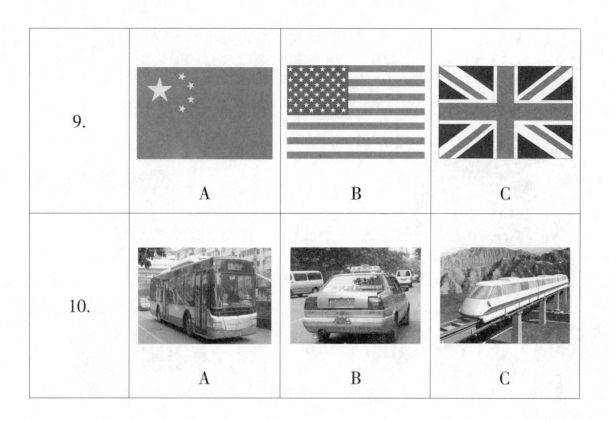

第三部分

第 11-15 题

A

B

C

D

E

F

例如：女：你好！
Nǐ hǎo!

男：你好！很 高兴 认识 你。
Nǐ hǎo! Hěn gāoxìng rènshi nǐ.

C

11. ☐

12. ☐

13. ☐

14. ☐

15. ☐

第四部分

第 16-20 题

Xiàwǔ wǒ qù shāngdiàn, wǒ xiǎng mǎi yìxiē shuǐguǒ.
例如：下午 我 去 商店， 我 想 买 一些 水果。

　　　　Tā xiàwǔ qù nǎlǐ?
问：她 下午 去 哪里？

	shāngdiàn		yīyuàn		xuéxiào
A	商店 ✓	B	医院	C	学校

	xuéxiào		shāngdiàn		yīyuàn
16. A	学校	B	商店	C	医院

	zuò fēijī		zuò chūzūchē		zuò huǒchē
17. A	坐 飞机	B	坐 出租车	C	坐 火车

	gǒu		bàba		nǚ'ér
18. A	狗	B	爸爸	C	女儿

	sān ge		sì ge		wǔ ge
19. A	三个	B	四个	C	五个

	hē chá		chī píngguǒ		dǎ diànhuà
20. A	喝茶	B	吃 苹果	C	打 电话

二、阅 读

第一部分

第 21-25 题

例如：		diànshì 电视	×
		fēijī 飞机	✓
21.		kàn shū 看 书	
22.		xuéxiào 学校	
23.		māo 猫	
24.		Hànyǔ shū 汉语 书	
25.		mǐfàn 米饭	

第二部分

第 26-30 题

A

B

C

D

E

F

例如：
Wǒ hěn xǐhuan zhè běn shū.
我 很 喜欢 这 本 书。　　　E

26.
Wǒ xǐhuan chī píngguǒ.
我 喜欢 吃 苹果。

27.
Érzi huí jiā le, māma hěn gāoxìng.
儿子 回 家 了，妈妈 很 高兴。

28.
Tā zuò zài yǐzi shang xuéxí.
她 坐 在 椅子 上 学习。

29.
Jīntiān tiānqì bù hǎo, xià yǔ le.
今天 天气 不 好，下 雨 了。

30.
Nǚ'ér mǎi de diànnǎo hěn piàoliang.
女儿 买 的 电脑 很 漂亮。

第三部分

第 31-35 题

例如：
Nǐ hē shuǐ ma?
你 喝 水 吗？   F

Xǐhuan.
A 喜欢。

31.
Māma qù nǎr mǎi shuǐguǒ le?
妈妈 去 哪儿 买 水果 了？

Tā hěn hǎo.
B 他 很 好。

32.
Nǐ de péngyou xiànzài zěnmeyàng le?
你 的 朋友 现在 怎么样 了？

Yí ge yuè.
C 一个 月。

33.
Nǐ xǐhuan wǒ jiā de māo ma?
你 喜欢 我家 的 猫 吗？

Míngtiān shàngwǔ.
D 明天 上午。

34.
Nǐ xiǎng shénme shíhou qù xuéxiào?
你 想 什么 时候 去 学校？

Shāngdiàn.
E 商店。

35.
Nǐ qù Zhōngguó gōngzuò jǐ ge yuè?
你 去 中国 工作 几个 月？

Hǎo de, xièxie!
F 好 的，谢谢！

第四部分

第 36–40 题

A 听 (tīng)   B 星期 (xīngqī)   C 块 (kuài)   D 名字 (míngzi)   E 吗 (ma)   F 人 (rén)

例如： Nǐ jiào shénme
你 叫 什么 （ D ）?

36. Jīntiān shì（ ）wǔ.
今天 是（ ）五。

37. Māma mǎile shí（ ）qián de píngguǒ.
妈妈 买了 十（ ）钱 的 苹果。

38. Nǐ rènshi wǒ de lǎoshī（ ）?
你 认识 我 的 老师（ ）?

39. Wǒ de péngyou shì Zhōngguó（ ）.
我 的 朋友 是 中国（ ）。

40. Xuéshengmen zài（ ）lǎoshī shuōhuà.
学生们 在（ ）老师 说话。

HSK（一级）模拟试题（一）听力材料

（音乐，30秒，渐弱）

Dàjiā hǎo! Huānyíng cānjiā　　yījí　kǎoshì.
大家 好！欢迎　参加 HSK（一级）考试。

Dàjiā hǎo! Huānyíng cānjiā　　yījí　kǎoshì.
大家 好！欢迎　参加 HSK（一级）考试。

Dàjiā hǎo! Huānyíng cānjiā　　yījí　kǎoshì.
大家 好！欢迎　参加 HSK（一级）考试。

　　　　yījí　tīnglì kǎoshì fēn sì bùfen, gòng　　tí.
HSK（一级）听力 考试 分 四 部分，共 20 题。

Qǐng dàjiā zhùyì,　tīnglì kǎoshì xiànzài kāishǐ.
请 大家 注意，听力 考试 现在 开始。

　　　　　　　　　　　Dì-yī bùfen
　　　　　　　　　　　第一 部分

Yígòng　ge tí, měi tí tīng liǎng cì.
一共 5 个题，每 题 听 两 次。

Lìrú:　　hěn gāoxìng
例如：很 高兴

　　　kàn diànyǐng
　　　看 电影

Xiànzài kāishǐ dì　　tí:
现在 开始 第 1 题：

　　zuò fēijī
1. 坐 飞机

　　chī píngguǒ
2. 吃 苹果

　　mǎi yīfu
3. 买 衣服

　　dǎ diànhuà
4. 打 电话

　　hē chá
5. 喝 茶

Yígòng　ge tí, měi tí tīng liǎng cì.
一共　5 个 题，每 题 听　两 次。

Lìrú:　Zhè shì wǒ de shū.
例如：这 是 我 的 书。

Xiànzài kāishǐ dì　tí:
现在　开始 第 6 题：

Jīntiān shì xīngqīyī.
6.　今天 是 星期一。

Wǒ bàba zài Zhōngguó gōngzuò.
7.　我 爸爸 在 中国　工作。

Tā shì wǒ de Hànyǔ lǎoshī.
8.　他 是 我 的 汉语 老师。

Wǒ shàngwǔ mǎile wǔ běn shū.
9.　我　上午 买了 五 本 书。

Zuótiān tiānqì hěn rè.
10.　昨天 天气 很 热。

Yígòng   ge tí, měi tí tīng liǎng cì.
一共 5 个题，每 题 听 两次。

Lìrú: Nǐ hǎo!
例如： 女：你 好！

            Nǐ hǎo!   Hěn gāoxìng rènshi nǐ.
        男：你 好！ 很 高兴 认识 你。

Xiànzài kāishǐ dì   tí:
现在 开始 第 11 题：

            Zhèxiē píngguǒ duōshao qián?
11. 女： 这些 苹果 多少 钱？

            Wǔ kuài qián.
     男： 五 块 钱。

            Nǐ xǐhuan zhège bēizi ma?
12. 男：你 喜欢 这个 杯子 吗？

            Zhège bēizi hěn piàoliang, wǒ hěn xǐhuan.
     女： 这个 杯子 很 漂亮，我 很 喜欢。

            Nà shì shéi?
13. 女：那 是 谁？

            Nà shì wǒ de péngyou, tā shì yīshēng.
     男：那 是 我 的 朋友，她 是 医生。

            Nǐ yǒu jǐ ge hǎo péngyou?
14. 男：你 有 几个 好 朋友？

            Sān ge,   Xīxī,   Xiǎo'ài hé Xiǎoyǔ.
     女：三 个，西西、小爱 和 小雨。

            Nǐ nǚ'ér jǐ suì le?
15. 女：你 女儿几 岁 了？

            Tā jīnnián liù suì le.
     男：她 今年 六 岁 了。

Yígòng　　ge tí, měi tí tīng liǎng cì.
一共　5 个题，每题听　两次。

Lìrú:　　Xiàwǔ wǒ qù shāngdiàn, wǒ xiǎng mǎi yìxiē shuǐguǒ.
例如：　下午 我去　商店，　我　想　买 一些 水果。

Tā xiàwǔ qù nǎlǐ?
问：她下午 去 哪里?

Xiànzài kāishǐ dì　　　tí:
现在　开始 第 16 题：

Tā māma míngtiān zuò fēijī lái Běijīng.
16. 她妈妈　明天　坐飞机来 北京。

Tā māma zěnme lái Běijīng?
问：　她 妈妈　怎么 来 北京?

Wǒ qī diǎn qù xuéxiào jiàn yí ge tóngxué.
17. 我 七点 去 学校　见一 个 同学。

Tā jǐ diǎn qù xuéxiào?
问：　她 几 点 去 学校?

Wǒ zài xuéxí Hànyǔ ne.
18. 我 在学习 汉语 呢。

Tā zài zuò shénme?
问：　她在 做　什么?

Wǒ bàba zài Shànghǎi gōngzuò, tā shì yīshēng.
19. 我 爸爸在　上海　工作，他 是 医生。

Tā bàba zuò shénme gōngzuò?
问：　他爸爸做　什么　工作?

Wǒ de xuéxiào zài qiánmiàn.
20. 我 的 学校 在　前面。

Tā de xuéxiào zài nǎr?
问：　他 的 学校 在 哪儿?

Tīnglì kǎoshì xiànzài jiéshù.
听力 考试　现在　结束。

HSK（一级）模拟试题（二）听力材料

（音乐，30秒，渐弱）

Dàjiā hǎo! Huānyíng cānjiā　　yījí　 kǎoshì.
大家 好！ 欢迎　 参加 HSK（一级）考试。

Dàjiā hǎo! Huānyíng cānjiā　　yījí　 kǎoshì.
大家 好！ 欢迎　 参加 HSK（一级）考试。

Dàjiā hǎo! Huānyíng cānjiā　　yījí　 kǎoshì.
大家 好！ 欢迎　 参加 HSK（一级）考试。

　　　　yījí　 tīnglì kǎoshì fēn sì bùfen, gòng　　 tí.
HSK（一级）听力 考试 分 四 部分，共 20 题。

Qǐng dàjiā zhùyì,　 tīnglì kǎoshì xiànzài kāishǐ.
请 大家 注意，听力 考试 现在 开始。

Dì-yī bùfen
第一 部分

Yígòng　 ge tí, měi tí tīng liǎng cì.
一共 5 个题，每 题 听　 两 次。

Lìrú:　　 hěn gāoxìng
例如： 很　 高兴

kàn diànyǐng
看　 电影

Xiànzài kāishǐ dì　　 tí:
现在 开始 第 1 题：

qù xuéxiào
1. 去 学校

chī mǐfàn
2. 吃 米饭

huí Zhōngguó
3. 回　 中国

xǐhuan gǒu
4. 喜欢　狗

wǒ māma
5. 我 妈妈

Yígòng ge tí, měi tí tīng liǎng cì.
一共 5 个题，每 题 听 两 次。

Lìrú: Zhè shì wǒ de shū.
例如：这 是 我 的 书。

Xiànzài kāishǐ dì tí:
现在 开始 第 6 题：

Māma hěn ài chī shuǐguǒ.
6. 妈妈 很 爱 吃 水果。

Zhuōzi shang yǒu liǎng ge bēizi.
7. 桌子 上 有 两 个 杯子。

Zhè běn shū èrshíjiǔ kuài qián.
8. 这 本 书 二十九 块 钱。

Bàba zài kàn shū ne.
9. 爸爸 在 看 书 呢。

Wǒ huì xiě yìxiē Hànzì.
10. 我 会 写 一些 汉字。

Yígòng   ge tí, měi tí tīng liǎng cì.
一共 5 个题，每 题 听 两 次。

Lìrú: Nǐ hǎo!
例如： 女：你 好!

                 Nǐ hǎo! Hěn gāoxìng rènshi nǐ.
         男：你 好! 很 高兴 认识 你。

Xiànzài kāishǐ dì   tí:
现在 开始 第 11 题：

                 Shuǐguǒdiàn zài nǎr?
11. 女：   水果店 在 哪儿?

                 Shuǐguǒdiàn zài yīyuàn hòumiàn.
     男：   水果店 在 医院 后面。

                 Nǐ bàba huì kāi chē ma?
12. 男：你 爸爸 会 开 车 吗?

                 Tā huì kāi chē.
     女：他 会 开 车。

                 Jīntiān shì jǐ yuè jǐ rì?
13. 女：   今天 是 几 月 几 日?

                 Jīntiān shì sì yuè qī rì.
     男：   今天 是 四 月 七 日。

                 Nín zài nǎr gōngzuò?
14. 男：您 在 哪儿 工作?

                 Wǒ zài xuéxiào gōngzuò, wǒ shì lǎoshī.
     女：我 在 学校 工作, 我 是 老师。

                 Shàng ge xīngqīrì nǐ zuò shénme le?
15. 女： 上 个星期日你做 什么 了?

                 Shàng ge xīngqīrì wǒ hé péngyou qù fànguǎn chī fàn le.
     男： 上 个 星期日我 和 朋友 去 饭馆 吃 饭 了。

Yígòng   ge tí, měi tí tīng liǎng cì.
一共 5 个题，每题听 两次。

Lìrú: Xiàwǔ wǒ qù shāngdiàn, wǒ xiǎng mǎi yìxiē shuǐguǒ.
例如： 下午 我去 商店， 我 想 买 一些 水果。

Tā xiàwǔ qù nǎlǐ?
问：她下午 去 哪里？

Xiànzài kāishǐ dì   tí:
现在 开始 第 16 题：

Jīntiān tiānqì bù hǎo, wǒmen míngtiān qù shāngdiàn ba.
16. 今天 天气 不 好，我们 明天 去 商店 吧。

Tāmen shénme shíhou qù shāngdiàn?
问：他们 什么 时候 去 商店？

Wǒ tóngxué xiànzài zhù zài xuéxiào lǐmiàn.
17. 我 同学 现在 住 在 学校 里面。

Tā tóngxué zhù zài nǎr?
问：他 同学 住 在 哪儿？

Wǒ nǚ'ér jīnnián shíwǔ suì.
18. 我 女儿 今年 十五 岁。

Tā nǚ'ér jīnnián jǐ suì?
问：他 女儿 今年 几 岁？

Wǒ hé péngyou qù fànguǎn chī fàn.
19. 我 和 朋友 去 饭馆 吃饭。

Tā hé shéi qù chī fàn?
问：他 和 谁 去 吃饭？

Wǒ zuótiān shíyī diǎn shuì de jiào.
20. 我 昨天 十一 点 睡 的 觉。

Tā zuótiān jǐ diǎn shuì de jiào?
问：他 昨天 几 点 睡 的 觉？

Tīnglì kǎoshì xiànzài jiéshù.
听力 考试 现在 结束。

HSK（一级）模拟试题（三）听力材料

（音乐，30秒，渐弱）

Dàjiā hǎo! Huānyíng cānjiā yījí kǎoshì.
大家 好！ 欢迎 参加 HSK（一级）考试。

Dàjiā hǎo! Huānyíng cānjiā yījí kǎoshì.
大家 好！ 欢迎 参加 HSK（一级）考试。

Dàjiā hǎo! Huānyíng cānjiā yījí kǎoshì.
大家 好！ 欢迎 参加 HSK（一级）考试。

　　　　yījí tīnglì kǎoshì fēn sì bùfen, gòng tí.
HSK（一级）听力 考试 分 四 部分， 共 20 题。

Qǐng dàjiā zhùyì, tīnglì kǎoshì xiànzài kāishǐ.
请 大家 注意， 听力 考试 现在 开始。

Dì-yī bùfen
第一 部分

Yígòng ge tí, měi tí tīng liǎng cì.
一共 5 个题，每 题 听 两 次。

Lìrú: hěn gāoxìng
例如： 很 高兴

　　　　kàn diànyǐng
　　　　看 电影

Xiànzài kāishǐ dì tí:
现在 开始 第 1 题：

　　kàn shū
1. 看 书

　　mǎi shuǐguǒ
2. 买 水果

　　qù huǒchēzhàn
3. 去 火车站

　　sì ge xuésheng
4. 四个 学生

　　xiǎo zhuōzi
5. 小 桌子

Yígòng 　ge tí, měi tí tīng liǎng cì.
一共 5 个题，每 题 听 两次。

Lìrú: Zhè shì wǒ de shū.
例如： 这 是 我 的 书。

Xiànzài kāishǐ dì 　 tí:
现在 开始 第 6 题：

Xiǎomāo zuò zài yǐzi shang.
6. 小猫 坐 在 椅子 上。

Māma zài shuìjiào.
7. 妈妈 在 睡觉。

Píngguǒ zài bēizi lǐmiàn.
8. 苹果 在 杯子 里面。

Wǒ zài dǎ diànhuà.
9. 我 在 打 电话。

Wǒmen lǎoshī shì Zhōngguórén.
10. 我们 老师 是 中国人。

Yígòng   ge tí, měi tí tīng liǎng cì.
一共 5 个 题，每 题 听 两 次。

Lìrú: Nǐ hǎo!
例如： 女：你 好！

　　　　　Nǐ hǎo!   Hěn gāoxìng rènshi nǐ.
　　男：你 好！ 很 高兴 认识 你。

Xiànzài kāishǐ dì   tí:
现在 开始 第 11 题：

　　　　　Jīntiān shì xīngqīyī ma?
11. 女： 今天 是 星期一 吗？

　　　　　Bú shì, jīntiān shì xīngqī'èr.
　　男： 不 是，今天 是 星期二。

　　　　　Míngtiān lěng ma?
12. 男： 明天 冷 吗？

　　　　　Míngtiān yǒu yǔ，yǒu diǎnr lěng.
　　女： 明天 有 雨，有 点儿 冷。

　　　　　Nǐ xiǎng xiànzài qù shāngdiàn ma?
13. 女： 你 想 现在 去 商店 吗？

　　　　　Xiànzài bù xiǎng qù，xiàwǔ zěnmeyàng?
　　男： 现在 不 想 去，下午 怎么样？

　　　　　Wèi, Lǐ xiáojiě zài jiā ma?
14. 男： 喂，李 小姐 在 家 吗？

　　　　　Tā bú zài.
　　女： 她 不 在。

　　　　　Zhè běn shū duōshao qián?
15. 女： 这 本 书 多少 钱？

　　　　　Shíwǔ kuài qián.
　　男： 十五 块 钱。

Yígòng　　ge tí, měi tí tīng liǎng cì.
一共　5　个题，每题听　两次。

Lìrú:　　Xiàwǔ wǒ qù shāngdiàn, wǒ xiǎng mǎi yìxiē shuǐguǒ.
例如：　下午 我 去　商店，　我 想　买 一些 水果。

　　　　Tā xiàwǔ qù nǎlǐ?
　　　问：她下午 去 哪里？

Xiànzài kāishǐ dì　　　tí:
现在　开始 第 16 题：

Wǒ bù xǐhuan kàn shū, wǒ xǐhuan kàn diànyǐng.
16. 我 不 喜欢 看 书，我 喜欢 看　电影。

　　　　Tā xǐhuan zuò shénme?
　　问：她 喜欢　做　什么？

Wǒ māma shì Hànyǔ lǎoshī.
17. 我 妈妈 是 汉语 老师。

　　　　Tā māma zuò shénme gōngzuò?
　　问：他 妈妈 做　什么　工作？

Lǎoshī míngtiān shàngwǔ shí diǎn qù yīyuàn.
18. 老师　明天　　上午　十 点 去 医院。

　　　　Lǎoshī shénme shíhou qù yīyuàn?
　　问：老师　什么 时候 去 医院？

Jīntiān shì sān yuè èrshí rì, wǒ péngyou lái Běijīng.
19. 今天 是 三 月 二十 日，我 朋友 来　北京。

　　　　Jīntiān shì jǐ yuè jǐ rì?
　　问：今天 是 几月 几日？

Wǒ māma qù shāngdiàn mǎi yīfu.
20. 我 妈妈 去　商店　买 衣服。

　　　　Tā māma qù shāngdiàn mǎi shénme?
　　问：她 妈妈 去　商店　买　什么？

Tīnglì kǎoshì xiànzài jiéshù.
听力 考试　现在　结束。

HSK（一级）模拟试题（四）听力材料

（音乐，30秒，渐弱）

Dàjiā hǎo! Huānyíng cānjiā　　　yījí　kǎoshì.
大家 好！ 欢迎　参加 HSK（一级）考试。

Dàjiā hǎo! Huānyíng cānjiā　　　yījí　kǎoshì.
大家 好！ 欢迎　参加 HSK（一级）考试。

Dàjiā hǎo! Huānyíng cānjiā　　　yījí　kǎoshì.
大家 好！ 欢迎　参加 HSK（一级）考试。

　　　yījí　tīnglì kǎoshì fēn sì bùfen, gòng　　tí.
HSK（一级）听力 考试 分 四 部分，共 20 题。

Qǐng dàjiā zhùyì,　tīnglì kǎoshì xiànzài kāishǐ.
请 大家 注意，听力 考试　现在　开始。

Dì-yī bùfen
第一 部分

Yígòng　　ge tí, měi tí tīng liǎng cì.
一共 5 个题，每 题 听　两 次。

Lìrú:　hěn gāoxìng
例如： 很　高兴

　　　kàn diànyǐng
　　　看　电影

Xiànzài kāishǐ dì　　tí:
现在 开始 第 1 题：

　　liù yuè jiǔ rì
1. 六 月 九 日

　　hěn rè
2. 很 热

　　kàn diànshì
3. 看 电视

　　xuéxí Hànyǔ
4. 学习 汉语

　　dú shū
5. 读 书

— 85 —

Yígòng　ge tí, měi tí tīng liǎng cì.
一共 5 个题，每题听 两次。

Lìrú:　Zhè shì wǒ de shū.
例如：这 是 我 的 书。

Xiànzài kāishǐ dì　tí:
现在 开始 第6 题：

Tā shì wǒ tóngxué.
6. 她 是 我 同学。

Xiànzài shì qī diǎn.
7. 现在 是 七 点。

Nà běn shū sānshí kuài qián.
8. 那 本 书 三十 块 钱。

Jīntiān tài lěng le.
9. 今天 太 冷 了。

Wǒ bàba zài yīyuàn gōngzuò.
10. 我 爸爸 在 医院 工作。

Yígòng　　ge tí, měi tí tīng liǎng cì.
一共 5 个题，每 题 听 两 次。

Lìrú:　　　　Nǐ hǎo!
例如： 女：你 好!

Nǐ hǎo!　Hěn gāoxìng rènshi nǐ.
男：你 好! 很 高兴 认识 你。

Xiànzài kāishǐ dì　　tí:
现在 开始 第 11 题：

Jīntiān xiàwǔ nǐ xiǎng zuò shénme?
11. 女： 今天 下午 你 想 做 什么?

Wǒ xiǎng qù huǒchēzhàn jiàn yí ge péngyou.
男： 我 想 去 火车站 见 一个 朋友。

Fànguǎn zài nǎr?
12. 男： 饭馆 在 哪儿?

Fànguǎn zài xuéxiào qiánmiàn.
女： 饭馆 在 学校 前面。

Nǐ mǎi de zhè běn shū wǒ hěn xǐhuan, duōshao qián?
13. 女： 你 买 的 这 本 书 我 很 喜欢，多少 钱?

Shíliù kuài qián.
男： 十六 块 钱。

Nǐ péngyou zhù zài nǎr?
14. 男： 你 朋友 住 在 哪儿?

Tā zhù zài sān líng liù.
女： 他 住 在 三 零 六。

Nǐ māma bú zài jiā ma?
15. 女： 你 妈妈 不 在 家 吗?

Wǒ māma qù shūdiàn le.
男： 我 妈妈 去 书店 了。

Yígòng ge tí, měi tí tīng liǎng cì.
一共 5 个题，每题听 两次。

Lìrú: Xiàwǔ wǒ qù shāngdiàn, wǒ xiǎng mǎi yìxiē shuǐguǒ.
例如： 下午 我去 商店， 我 想 买 一些 水果。

Tā xiàwǔ qù nǎlǐ?
问： 她 下午 去 哪里？

Xiànzài kāishǐ dì tí:
现在 开始 第 16 题：

Wǒ qù shūdiàn mǎi jǐ běn shū.
16. 我 去 书店 买 几本 书。

Tā qù mǎi shénme?
问： 她 去买 什么？

Wǒ xiǎng zuò fēijī qù Běijīng.
17. 我 想 坐飞机 去 北京。

Tā xiǎng zěnme qù Běijīng?
问： 她 想 怎么 去北京？

Wǒ péngyou de māma shì zhège yīyuàn de yīshēng.
18. 我 朋友 的 妈妈 是 这个 医院 的 医生。

Shéi shì zhège yīyuàn de yīshēng?
问： 谁 是 这个 医院 的 医生？

Jīntiān méiyǒu shíjiān, wǒ xiǎng míngtiān shàngwǔ dǎ diànhuà.
19. 今天 没有 时间，我 想 明天 上午 打 电话。

Tā xiǎng shénme shíhou dǎ diànhuà?
问： 他 想 什么 时候 打 电话？

Zhèxiē yīfu dōu tài xiǎo le, wǒ bù xiǎng mǎi.
20. 这些 衣服 都 太 小 了，我 不 想 买。

Zhèxiē yīfu zěnmeyàng?
问： 这些 衣服 怎么样？

Tīnglì kǎoshì xiànzài jiéshù.
听力 考试 现在 结束。

HSK（一级）模拟试题（五）听力材料

（音乐，30秒，渐弱）

Dàjiā hǎo! Huānyíng cānjiā　　yījí　kǎoshì.
大家 好！ 欢迎　参加 HSK（一级）考试。

Dàjiā hǎo! Huānyíng cānjiā　　yījí　kǎoshì.
大家 好！ 欢迎　参加 HSK（一级）考试。

Dàjiā hǎo! Huānyíng cānjiā　　yījí　kǎoshì.
大家 好！ 欢迎　参加 HSK（一级）考试。

　　　yījí　tīnglì kǎoshì fēn sì bùfen, gòng　　tí.
HSK（一级）听力 考试 分 四 部分，共 20 题。

Qǐng dàjiā zhùyì, tīnglì kǎoshì xiànzài kāishǐ.
请 大家 注意，听力 考试 现在 开始。

Dì-yī bùfen
第一 部分

Yígòng　ge tí, měi tí tīng liǎng cì.
一共 5 个题，每 题 听 两 次。

Lìrú:　hěn gāoxìng
例如：很 高兴

　　　kàn diànyǐnq
　　看 电影

Xiànzài kāishǐ dì　　tí:
现在 开始 第 1 题：

　　wǔ běn shū
1. 五 本 书
　　xuéxí Hànyǔ
2. 学习 汉语
　　chī mǐfàn
3. 吃 米饭
　　kàn diànshì
4. 看 电视
　　zuò chūzūchē
5. 坐 出租车

Yígòng　　ge tí，měi tí tīng liǎng cì.
一共 5 个题，每 题 听 两 次。

Lìrú：　Zhè shì wǒ de shū.
例如：这 是 我 的 书。

Xiànzài kāishǐ dì　　tí:
现在 开始 第 6 题：

Jīntiān xià yǔ le.
6.　今天 下 雨 了。

Lǎoshī hěn gāoxìng.
7.　老师 很 高兴。

Tā shì Zhōngguórén.
8.　他 是 中国人。

Xuéxiào li yǒu shāngdiàn.
9.　学校 里 有 商店。

Wǒ nǚ'ér xǐhuan māo.
10.　我 女儿 喜欢 猫。

Yígòng   ge tí, měi tí tīng liǎng cì.
一共 5 个题，每 题 听 两 次。

Lìrú: Nǐ hǎo!
例如： 女：你 好！

　　　　　　　Nǐ hǎo!   Hěn gāoxìng rènshi nǐ.
　　　　男：你 好！ 很 高兴 认识 你。

Xiànzài kāishǐ dì   tí:
现在 开始 第 11 题：

　　　　　　Nǐ xǐhuan zuò fēijī ma?
11. 男： 你 喜欢 坐 飞机 吗？

　　　　　Wǒ bù xǐhuan.
　　女： 我 不 喜欢。

　　　　　Nǐ de bēizi hěn piàoliang.
12. 女： 你 的 杯子 很 漂亮。

　　　　　Xièxie, zhè shì wǒ jiějie mǎi de.
　　男： 谢谢，这 是 我 姐姐 买 的。

　　　　　Xiǎojiě, xiànzài jǐ diǎn le?
13. 男： 小姐， 现在 几 点 了？

　　　　　Yī diǎn shíwǔ.
　　女： 一 点 十五。

　　　　　Wǒ de māma shì lǎoshī.
14. 女： 我 的 妈妈 是 老师。

　　　　　Shì ma? Tā shì nǎge xuéxiào de?
　　男： 是 吗？ 她 是 哪个 学校 的？

　　　　　Nǐ shénme shíhou lái Běijīng de?
15. 男： 你 什么 时候 来 北京 的？

　　　　　Wǒ shì zuótiān zhōngwǔ lái de.
　　女： 我 是 昨天 中午 来 的。

Yígòng ge tí, měi tí tīng liǎng cì.
一共 5 个题，每题听 两次。

Lìrú: Xiàwǔ wǒ qù shāngdiàn, wǒ xiǎng mǎi yìxiē shuǐguǒ.
例如： 下午 我去 商店， 我 想 买 一些 水果。

        Tā xiàwǔ qù nǎlǐ?
问： 她 下午 去 哪里?

Xiànzài kāishǐ dì   tí:
现在 开始 第 16 题：

        Míngtiān huì xià yǔ, jīntiān xiàwǔ wǒ qù shāngdiàn.
16.   明天 会 下雨，今天 下午 我去 商店。

        Shénme shíhou xià yǔ?
问：   什么 时候 下雨?

        Bàba qù kàn diànyǐng le, wǒ zài jiā xuéxí.
17.   爸爸 去看 电影 了，我 在家 学习。

        Shéi qù kàn diànyǐng le?
问： 谁 去看 电影 了?

        Wǒ qù shāngdiàn mǎile sān ge píngguǒ.
18.   我 去 商店 买了 三 个 苹果。

        Tā mǎile jǐ ge píngguǒ?
问： 他 买了 几 个 苹果?

        Yīfu hěn piàoliang, māma jiànle hěn gāoxìng.
19.   衣服 很 漂亮，妈妈 见了 很 高兴。

        Shénme hěn piàoliang?
问：   什么 很 漂亮?

        Yīyuàn hòumiàn yǒu ge shāngdiàn, wǒ qù mǎi yìxiē shuǐguǒ.
20.   医院 后面 有 个 商店，我 去 买一些 水果。

        Tā qù nǎr?
问： 他 去 哪儿?

Tīnglì kǎoshì xiànzài jiéshù.
听力 考试 现在 结束。

HSK（一级）模拟试题（六）听力材料

（音乐，30秒，渐弱）

Dàjiā hǎo! Huānyíng cānjiā　　yījí　kǎoshì.
大家 好！ 欢迎　参加 HSK（一级）考试。

Dàjiā hǎo! Huānyíng cānjiā　　yījí　kǎoshì.
大家 好！ 欢迎　参加 HSK（一级）考试。

Dàjiā hǎo! Huānyíng cānjiā　　yījí　kǎoshì.
大家 好！ 欢迎　参加 HSK（一级）考试。

　　　yījí　tīnglì kǎoshì fēn sì bùfen, gòng　　tí.
HSK（一级）听力 考试 分 四 部分，共 20 题。

Qǐng dàjiā zhùyì, tīnglì kǎoshì xiànzài kāishǐ.
　请 大家 注意，听力 考试　现在　开始。

Dì-yī bùfen
第一 部分

Yígòng　ge tí, měi tí tīng liǎng cì.
一共 5 个题, 每 题 听　两 次。

Lìrú:　hěn gāoxìng
例如：很　高兴

　　　kàn diànyǐng
　　　看　电影

Xiànzài kāishǐ dì　　tí:
　现在 开始 第 1 题：

　　xīngqīyī
1. 星期一

　　piàoliang de xiǎojiě
2. 漂亮　的 小姐

　　shuìjiào
3. 睡觉

　　xià yǔ
4. 下雨

　　mǎi diànnǎo
5. 买　电脑

Yígòng　　ge tí, měi tí tīng liǎng cì.
一共　5 个题, 每 题 听　两 次。

Lìrú:　　Zhè shì wǒ de shū.
例如：这 是 我 的 书。

Xiànzài kāishǐ dì　　tí:
现在　开始 第 6 题：

Tā bàba shì yīshēng.
6.　他 爸爸 是　医生。

Zhōngwǔ qù fànguǎn chī fàn.
7.　　中午 去　饭馆 吃 饭。

Nǚ'ér bù gāoxìng le.
8.　女儿 不 高兴 了。

Wǒ xǐhuan Zhōngguó.
9.　我 喜欢　中国。

Tā shì zuò chūzūchē lái de.
10.　她 是 坐　出租车 来 的。

Yígòng　ge tí, měi tí tīng liǎng cì.
一共　5 个题,每 题 听 两 次。

Lìrú:　　　Nǐ hǎo!
例如：　女：你 好!

　　　　　Nǐ hǎo!　Hěn gāoxìng rènshi nǐ.
　　　男：你 好! 很 高兴 认识 你。

Xiànzài kāishǐ dì　　tí:
现在 开始 第 11 题：

　　　　　Wǒ xiǎng qù shāngdiàn mǎi shuǐguǒ, nǐ qù ma?
11. 男：我 想 去 商店 买 水果, 你 去 吗?

　　　　　Wǒ bù xiǎng qù.
　女：我 不 想 去。

　　　　　Nǐ huì kāi chē ma?
12. 女：你 会 开 车 吗?

　　　　　Wǒ bú huì.
　男：我 不 会。

　　　　　Xiǎojiě, nǐ zài nǎr gōngzuò?
13. 男：小姐, 你 在 哪儿 工作?

　　　　　Wǒ zài yīyuàn gōngzuò.
　女：我 在 医院 工作。

　　　　　Nǐ jīntiān mǎile shénme shū?
14. 女：你 今天 买了 什么 书?

　　　　　Wǒ mǎile xuéxí Hànyǔ de shū.
　男：我 买了 学习 汉语 的 书。

　　　　　Nǐ nǚ'ér rènshi zì ma?
15. 男：你 女儿 认识 字 吗?

　　　　　Tā rènshi hěn duō zì.
　女：她 认识 很 多 字。

Yígòng　ge tí, měi tí tīng liǎng cì.
一共　5 个题，每 题 听　两 次。

Lìrú:　Xiàwǔ wǒ qù shāngdiàn, wǒ xiǎng mǎi yìxiē shuǐguǒ.
例如：　下午 我 去　商店，　我　想　买 一些 水果。

　　　　　Tā xiàwǔ qù nǎlǐ?
　　　问：她 下午 去 哪里？

Xiànzài kāishǐ dì　　tí:
　现在　开始 第 16 题：

　　　　Wǒ bā diǎn qù kàn yīshēng.
16.　我 八 点 去看　医生。

　　　　　Tā bā diǎn qù nǎr?
　　　问：他 八 点 去 哪儿？

　　　　Xià yǔ le,　wǒ zuò chūzūchē qù xuéxiào.
17.　下雨 了，我 坐　出租车 去 学校。

　　　　　Tā zěnme qù xuéxiào?
　　　问：他 怎么 去 学校？

　　　　Bàba de gǒu míngzi jiào Diǎndian.
18.　爸爸 的狗 名字 叫　点点。

　　　　　Diǎndian shì shéi de míngzi?
　　　问：　点点 是 谁 的 名字？

　　　　Jīntiān zhōngwǔ, bàba,　māma hé wǒ dōu zài jiā.
19.　今天　中午，爸爸、妈妈和我 都 在家。

　　　　　Zhōngwǔ jiā li yǒu jǐ ge rén?
　　　问：　中午 家里有 几个人？

　　　Bàba xǐhuan gōngzuò de shíhou hē chá.
20.　爸爸喜欢　工作 的 时候 喝 茶。

　　　　　Bàba gōngzuò de shíhòu xǐhuan zuò shénme?
　　　问：爸爸 工作 的 时候 喜欢 做　什么？

Tīnglì kǎoshì xiànzài jiéshù.
听力 考试　现在　结束。

HSK（一级）模拟试题（一）参考答案

一、听 力

第一部分

1. ×   2. ✓   3. ✓   4. ×   5. ✓

第二部分

6. A   7. B   8. C   9. B   10. A

第三部分

11. D   12. E   13. B   14. F   15. A

第四部分

16. C   17. A   18. A   19. C   20. B

二、阅 读

第一部分

21. ×   22. ✓   23. ×   24. ×   25. ✓

第二部分

26. C   27. D   28. F   29. A   30. B

第三部分

31. D   32. E   33. B   34. A   35. C

第四部分

36. F   37. B   38. E   39. C   40. A

HSK（一级）模拟试题（二）参考答案

一、听 力

第一部分

1. ✕	2. ✓	3. ✓	4. ✕	5. ✕

第二部分

6. B	7. A	8. B	9. B	10. A

第三部分

11. F	12. D	13. A	14. E	15. B

第四部分

16. B	17. A	18. C	19. C	20. B

二、阅 读

第一部分

21. ✓	22. ✕	23. ✓	24. ✕	25. ✓

第二部分

26. B	27. D	28. F	29. C	30. A

第三部分

31. C	32. D	33. A	34. B	35. E

第四部分

36. C	37. B	38. A	39. F	40. E

HSK（一级）模拟试题（三）参考答案

一、听 力

第一部分

1. ×　　　　2. ×　　　　3. ×　　　　4. ✓　　　　5. ✓

第二部分

6. B　　　　7. A　　　　8. A　　　　9. A　　　　10. B

第三部分

11. B　　　　12. E　　　　13. A　　　　14. F　　　　15. D

第四部分

16. C　　　　17. A　　　　18. C　　　　19. A　　　　20. B

二、阅 读

第一部分

21. ×　　　　22. ×　　　　23. ✓　　　　24. ✓　　　　25. ✓

第二部分

26. D　　　　27. B　　　　28. F　　　　29. C　　　　30. A

第三部分

31. E　　　　32. D　　　　33. A　　　　34. B　　　　35. C

第四部分

36. B　　　　37. E　　　　38. F　　　　39. C　　　　40. A

HSK（一级）模拟试题（四）参考答案

一、听 力

第一部分

1. ✕　　　2. ✕　　　3. ✓　　　4. ✕　　　5. ✓

第二部分

6. C　　　7. A　　　8. C　　　9. A　　　10. C

第三部分

11. B　　　12. E　　　13. F　　　14. D　　　15. A

第四部分

16. C　　　17. B　　　18. C　　　19. C　　　20. B

二、阅 读

第一部分

21. ✕　　　22. ✓　　　23. ✓　　　24. ✓　　　25. ✕

第二部分

26. D　　　27. F　　　28. B　　　29. A　　　30. C

第三部分

31. C　　　32. D　　　33. E　　　34. A　　　35. B

第四部分

36. C　　　37. B　　　38. A　　　39. E　　　40. F

HSK（一级）模拟试题（五）参考答案

一、听 力

第一部分

| 1. × | 2. ✓ | 3. ✓ | 4. ✓ | 5. × |

第二部分

| 6. B | 7. C | 8. A | 9. A | 10. B |

第三部分

| 11. D | 12. F | 13. B | 14. E | 15. A |

第四部分

| 16. C | 17. B | 18. B | 19. C | 20. A |

二、阅 读

第一部分

| 21. × | 22. × | 23. × | 24. ✓ | 25. × |

第二部分

| 26. C | 27. D | 28. B | 29. A | 30. F |

第三部分

| 31. B | 32. A | 33. C | 34. E | 35. D |

第四部分

| 36. F | 37. E | 38. C | 39. A | 40. B |

HSK（一级）模拟试题（六）参考答案

一、听力

第一部分

1. ✓
2. ✗
3. ✓
4. ✗
5. ✗

第二部分

6. B
7. C
8. B
9. A
10. B

第三部分

11. E
12. D
13. B
14. F
15. A

第四部分

16. C
17. B
18. A
19. A
20. A

二、阅读

第一部分

21. ✓
22. ✓
23. ✗
24. ✗
25. ✓

第二部分

26. F
27. D
28. C
29. B
30. A

第三部分

31. E
32. B
33. A
34. D
35. C

第四部分

36. B
37. C
38. E
39. F
40. A

HSK（一级）答题卡

新 汉 语 水 平 考 试
HSK（一级）答题卡

姓名	

国籍	[0] [1] [2] [3] [4] [5] [6] [7] [8] [9]
	[0] [1] [2] [3] [4] [5] [6] [7] [8] [9]
	[0] [1] [2] [3] [4] [5] [6] [7] [8] [9]

序号	[0] [1] [2] [3] [4] [5] [6] [7] [8] [9]
	[0] [1] [2] [3] [4] [5] [6] [7] [8] [9]
	[0] [1] [2] [3] [4] [5] [6] [7] [8] [9]
	[0] [1] [2] [3] [4] [5] [6] [7] [8] [9]
	[0] [1] [2] [3] [4] [5] [6] [7] [8] [9]

性别	男 [1]　　　女 [2]

考点	[0] [1] [2] [3] [4] [5] [6] [7] [8] [9]
	[0] [1] [2] [3] [4] [5] [6] [7] [8] [9]
	[0] [1] [2] [3] [4] [5] [6] [7] [8] [9]

年龄	[0] [1] [2] [3] [4] [5] [6] [7] [8] [9]
	[0] [1] [2] [3] [4] [5] [6] [7] [8] [9]

学习汉语的时间：

3个月以下 [1]　　　3个月—6个月 [2]

6个月—1年 [3]　　　1年—18个月 [4]

18个月—2年 [5]　　　2年以上 [6]

你是华裔吗?

是 [1]　　　不是 [2]

注意　请用 2B 铅笔这样写：▬

一、听 力

1. [√] [×]　　6. [A] [B] [C]　　11. [A] [B] [C] [D] [E] [F]　　16. [A] [B] [C]

2. [√] [×]　　7. [A] [B] [C]　　12. [A] [B] [C] [D] [E] [F]　　17. [A] [B] [C]

3. [√] [×]　　8. [A] [B] [C]　　13. [A] [B] [C] [D] [E] [F]　　18. [A] [B] [C]

4. [√] [×]　　9. [A] [B] [C]　　14. [A] [B] [C] [D] [E] [F]　　19. [A] [B] [C]

5. [√] [×]　　10. [A] [B] [C]　　15. [A] [B] [C] [D] [E] [F]　　20. [A] [B] [C]

二、阅 读

21. [√] [×]　　26. [A] [B] [C] [D] [E] [F]　　31. [A] [B] [C] [D] [E] [F]　　36. [A] [B] [C] [D] [E] [F]

22. [√] [×]　　27. [A] [B] [C] [D] [E] [F]　　32. [A] [B] [C] [D] [E] [F]　　37. [A] [B] [C] [D] [E] [F]

23. [√] [×]　　28. [A] [B] [C] [D] [E] [F]　　33. [A] [B] [C] [D] [E] [F]　　38. [A] [B] [C] [D] [E] [F]

24. [√] [×]　　29. [A] [B] [C] [D] [E] [F]　　34. [A] [B] [C] [D] [E] [F]　　39. [A] [B] [C] [D] [E] [F]

25. [√] [×]　　30. [A] [B] [C] [D] [E] [F]　　35. [A] [B] [C] [D] [E] [F]　　40. [A] [B] [C] [D] [E] [F]

HSK（一级）答题卡

新 汉 语 水 平 考 试
HSK（一级）答题卡

姓名	

国籍	[0] [1] [2] [3] [4] [5] [6] [7] [8] [9]
	[0] [1] [2] [3] [4] [5] [6] [7] [8] [9]
	[0] [1] [2] [3] [4] [5] [6] [7] [8] [9]

序号	[0] [1] [2] [3] [4] [5] [6] [7] [8] [9]
	[0] [1] [2] [3] [4] [5] [6] [7] [8] [9]
	[0] [1] [2] [3] [4] [5] [6] [7] [8] [9]
	[0] [1] [2] [3] [4] [5] [6] [7] [8] [9]

性别	男 [1]　　　女 [2]

考点	[0] [1] [2] [3] [4] [5] [6] [7] [8] [9]
	[0] [1] [2] [3] [4] [5] [6] [7] [8] [9]
	[0] [1] [2] [3] [4] [5] [6] [7] [8] [9]

年龄	[0] [1] [2] [3] [4] [5] [6] [7] [8] [9]
	[0] [1] [2] [3] [4] [5] [6] [7] [8] [9]

你是华裔吗?	
是 [1]　　　不是 [2]	

学习汉语的时间:

3个月以下 [1]	3个月—6个月 [2]
6个月—1年 [3]	1年—18个月 [4]
18个月—2年 [5]	2年以上 [6]

注意　　请用 2B 铅笔这样写: ▬

一、听 力

1. [√] [×]　　6. [A] [B] [C]　　11. [A] [B] [C] [D] [E] [F]　　16. [A] [B] [C]

2. [√] [×]　　7. [A] [B] [C]　　12. [A] [B] [C] [D] [E] [F]　　17. [A] [B] [C]

3. [√] [×]　　8. [A] [B] [C]　　13. [A] [B] [C] [D] [E] [F]　　18. [A] [B] [C]

4. [√] [×]　　9. [A] [B] [C]　　14. [A] [B] [C] [D] [E] [F]　　19. [A] [B] [C]

5. [√] [×]　　10. [A] [B] [C]　　15. [A] [B] [C] [D] [E] [F]　　20. [A] [B] [C]

二、阅 读

21. [√] [×]　　26. [A] [B] [C] [D] [E] [F]　　31. [A] [B] [C] [D] [E] [F]　　36. [A] [B] [C] [D] [E] [F]

22. [√] [×]　　27. [A] [B] [C] [D] [E] [F]　　32. [A] [B] [C] [D] [E] [F]　　37. [A] [B] [C] [D] [E] [F]

23. [√] [×]　　28. [A] [B] [C] [D] [E] [F]　　33. [A] [B] [C] [D] [E] [F]　　38. [A] [B] [C] [D] [E] [F]

24. [√] [×]　　29. [A] [B] [C] [D] [E] [F]　　34. [A] [B] [C] [D] [E] [F]　　39. [A] [B] [C] [D] [E] [F]

25. [√] [×]　　30. [A] [B] [C] [D] [E] [F]　　35. [A] [B] [C] [D] [E] [F]　　40. [A] [B] [C] [D] [E] [F]

HSK（一级）答题卡

新 汉 语 水 平 考 试
HSK（一级）答题卡

姓名	

国籍	[0] [1] [2] [3] [4] [5] [6] [7] [8] [9]
	[0] [1] [2] [3] [4] [5] [6] [7] [8] [9]
	[0] [1] [2] [3] [4] [5] [6] [7] [8] [9]

序号	[0] [1] [2] [3] [4] [5] [6] [7] [8] [9]
	[0] [1] [2] [3] [4] [5] [6] [7] [8] [9]
	[0] [1] [2] [3] [4] [5] [6] [7] [8] [9]
	[0] [1] [2] [3] [4] [5] [6] [7] [8] [9]
	[0] [1] [2] [3] [4] [5] [6] [7] [8] [9]

性别	男 [1]　　　女 [2]

考点	[0] [1] [2] [3] [4] [5] [6] [7] [8] [9]
	[0] [1] [2] [3] [4] [5] [6] [7] [8] [9]
	[0] [1] [2] [3] [4] [5] [6] [7] [8] [9]

年龄	[0] [1] [2] [3] [4] [5] [6] [7] [8] [9]
	[0] [1] [2] [3] [4] [5] [6] [7] [8] [9]

学习汉语的时间：

3个月以下 [1]	3个月—6个月 [2]
6个月—1年 [3]	1年—18个月 [4]
18个月—2年 [5]	2年以上 [6]

你是华裔吗?

是 [1]　　　　不是 [2]

注意　　请用 2B 铅笔这样写： ▬

一、听 力

1. [√] [×]　　6. [A] [B] [C]　　11. [A] [B] [C] [D] [E] [F]　　16. [A] [B] [C]

2. [√] [×]　　7. [A] [B] [C]　　12. [A] [B] [C] [D] [E] [F]　　17. [A] [B] [C]

3. [√] [×]　　8. [A] [B] [C]　　13. [A] [B] [C] [D] [E] [F]　　18. [A] [B] [C]

4. [√] [×]　　9. [A] [B] [C]　　14. [A] [B] [C] [D] [E] [F]　　19. [A] [B] [C]

5. [√] [×]　　10. [A] [B] [C]　　15. [A] [B] [C] [D] [E] [F]　　20. [A] [B] [C]

二、阅 读

21. [√] [×]　　26. [A] [B] [C] [D] [E] [F]　　31. [A] [B] [C] [D] [E] [F]　　36. [A] [B] [C] [D] [E] [F]

22. [√] [×]　　27. [A] [B] [C] [D] [E] [F]　　32. [A] [B] [C] [D] [E] [F]　　37. [A] [B] [C] [D] [E] [F]

23. [√] [×]　　28. [A] [B] [C] [D] [E] [F]　　33. [A] [B] [C] [D] [E] [F]　　38. [A] [B] [C] [D] [E] [F]

24. [√] [×]　　29. [A] [B] [C] [D] [E] [F]　　34. [A] [B] [C] [D] [E] [F]　　39. [A] [B] [C] [D] [E] [F]

25. [√] [×]　　30. [A] [B] [C] [D] [E] [F]　　35. [A] [B] [C] [D] [E] [F]　　40. [A] [B] [C] [D] [E] [F]

HSK（一级）答题卡

新 汉 语 水 平 考 试
HSK（一级）答题卡

一、听 力

1. [∨] [×]	6. [A] [B] [C]	11. [A] [B] [C] [D] [E] [F]	16. [A] [B] [C]
2. [∨] [×]	7. [A] [B] [C]	12. [A] [B] [C] [D] [E] [F]	17. [A] [B] [C]
3. [∨] [×]	8. [A] [B] [C]	13. [A] [B] [C] [D] [E] [F]	18. [A] [B] [C]
4. [∨] [×]	9. [A] [B] [C]	14. [A] [B] [C] [D] [E] [F]	19. [A] [B] [C]
5. [∨] [×]	10. [A] [B] [C]	15. [A] [B] [C] [D] [E] [F]	20. [A] [B] [C]

二、阅 读

21. [∨] [×]	26. [A] [B] [C] [D] [E] [F]	31. [A] [B] [C] [D] [E] [F]	36. [A] [B] [C] [D] [E] [F]
22. [∨] [×]	27. [A] [B] [C] [D] [E] [F]	32. [A] [B] [C] [D] [E] [F]	37. [A] [B] [C] [D] [E] [F]
23. [∨] [×]	28. [A] [B] [C] [D] [E] [F]	33. [A] [B] [C] [D] [E] [F]	38. [A] [B] [C] [D] [E] [F]
24. [∨] [×]	29. [A] [B] [C] [D] [E] [F]	34. [A] [B] [C] [D] [E] [F]	39. [A] [B] [C] [D] [E] [F]
25. [∨] [×]	30. [A] [B] [C] [D] [E] [F]	35. [A] [B] [C] [D] [E] [F]	40. [A] [B] [C] [D] [E] [F]

HSK（一级）答题卡

新 汉 语 水 平 考 试
HSK（一级）答 题 卡

姓名	

国籍

	[0] [1] [2] [3] [4] [5] [6] [7] [8] [9]
	[0] [1] [2] [3] [4] [5] [6] [7] [8] [9]
	[0] [1] [2] [3] [4] [5] [6] [7] [8] [9]

序号

	[0] [1] [2] [3] [4] [5] [6] [7] [8] [9]
	[0] [1] [2] [3] [4] [5] [6] [7] [8] [9]
	[0] [1] [2] [3] [4] [5] [6] [7] [8] [9]
	[0] [1] [2] [3] [4] [5] [6] [7] [8] [9]
	[0] [1] [2] [3] [4] [5] [6] [7] [8] [9]

性别	男 [1]　　　　女 [2]

考点

	[0] [1] [2] [3] [4] [5] [6] [7] [8] [9]
	[0] [1] [2] [3] [4] [5] [6] [7] [8] [9]
	[0] [1] [2] [3] [4] [5] [6] [7] [8] [9]

年龄

	[0] [1] [2] [3] [4] [5] [6] [7] [8] [9]
	[0] [1] [2] [3] [4] [5] [6] [7] [8] [9]

学习汉语的时间：

3个月以下 [1]	3个月—6个月 [2]
6个月—1年 [3]	1年—18个月 [4]
18个月—2年 [5]	2年以上 [6]

你是华裔吗?

是 [1]　　　　不是 [2]

注意 | 请用 2B 铅笔这样写：▬

一、听 力

1. [∨] [×]	6. [A] [B] [C]	11. [A] [B] [C] [D] [E] [F]	16. [A] [B] [C]
2. [∨] [×]	7. [A] [B] [C]	12. [A] [B] [C] [D] [E] [F]	17. [A] [B] [C]
3. [∨] [×]	8. [A] [B] [C]	13. [A] [B] [C] [D] [E] [F]	18. [A] [B] [C]
4. [∨] [×]	9. [A] [B] [C]	14. [A] [B] [C] [D] [E] [F]	19. [A] [B] [C]
5. [∨] [×]	10. [A] [B] [C]	15. [A] [B] [C] [D] [E] [F]	20. [A] [B] [C]

二、阅 读

21. [∨] [×]	26. [A] [B] [C] [D] [E] [F]	31. [A] [B] [C] [D] [E] [F]	36. [A] [B] [C] [D] [E] [F]
22. [∨] [×]	27. [A] [B] [C] [D] [E] [F]	32. [A] [B] [C] [D] [E] [F]	37. [A] [B] [C] [D] [E] [F]
23. [∨] [×]	28. [A] [B] [C] [D] [E] [F]	33. [A] [B] [C] [D] [E] [F]	38. [A] [B] [C] [D] [E] [F]
24. [∨] [×]	29. [A] [B] [C] [D] [E] [F]	34. [A] [B] [C] [D] [E] [F]	39. [A] [B] [C] [D] [E] [F]
25. [∨] [×]	30. [A] [B] [C] [D] [E] [F]	35. [A] [B] [C] [D] [E] [F]	40. [A] [B] [C] [D] [E] [F]

HSK（一级）答题卡

新 汉 语 水 平 考 试
HSK（一级）答 题 卡

姓名

国籍
[0] [1] [2] [3] [4] [5] [6] [7] [8] [9]
[0] [1] [2] [3] [4] [5] [6] [7] [8] [9]
[0] [1] [2] [3] [4] [5] [6] [7] [8] [9]

序号
[0] [1] [2] [3] [4] [5] [6] [7] [8] [9]
[0] [1] [2] [3] [4] [5] [6] [7] [8] [9]
[0] [1] [2] [3] [4] [5] [6] [7] [8] [9]
[0] [1] [2] [3] [4] [5] [6] [7] [8] [9]
[0] [1] [2] [3] [4] [5] [6] [7] [8] [9]

性别　　　男 [1]　　　女 [2]

考点
[0] [1] [2] [3] [4] [5] [6] [7] [8] [9]
[0] [1] [2] [3] [4] [5] [6] [7] [8] [9]
[0] [1] [2] [3] [4] [5] [6] [7] [8] [9]

年龄
[0] [1] [2] [3] [4] [5] [6] [7] [8] [9]
[0] [1] [2] [3] [4] [5] [6] [7] [8] [9]

你是华裔吗？

是 [1]　　　不是 [2]

学习汉语的时间：

3个月以下 [1]　　　3个月—6个月 [2]

6个月—1年 [3]　　　1年—18个月 [4]

18个月—2年 [5]　　　2年以上 [6]

注意　请用2B铅笔这样写：▰

一、听力

1. [√] [×]　　6. [A] [B] [C]　　11. [A] [B] [C] [D] [E] [F]　　16. [A] [B] [C]

2. [√] [×]　　7. [A] [B] [C]　　12. [A] [B] [C] [D] [E] [F]　　17. [A] [B] [C]

3. [√] [×]　　8. [A] [B] [C]　　13. [A] [B] [C] [D] [E] [F]　　18. [A] [B] [C]

4. [√] [×]　　9. [A] [B] [C]　　14. [A] [B] [C] [D] [E] [F]　　19. [A] [B] [C]

5. [√] [×]　　10. [A] [B] [C]　　15. [A] [B] [C] [D] [E] [F]　　20. [A] [B] [C]

二、阅读

21. [√] [×]　　26. [A] [B] [C] [D] [E] [F]　　31. [A] [B] [C] [D] [E] [F]　　36. [A] [B] [C] [D] [E] [F]

22. [√] [×]　　27. [A] [B] [C] [D] [E] [F]　　32. [A] [B] [C] [D] [E] [F]　　37. [A] [B] [C] [D] [E] [F]

23. [√] [×]　　28. [A] [B] [C] [D] [E] [F]　　33. [A] [B] [C] [D] [E] [F]　　38. [A] [B] [C] [D] [E] [F]

24. [√] [×]　　29. [A] [B] [C] [D] [E] [F]　　34. [A] [B] [C] [D] [E] [F]　　39. [A] [B] [C] [D] [E] [F]

25. [√] [×]　　30. [A] [B] [C] [D] [E] [F]　　35. [A] [B] [C] [D] [E] [F]　　40. [A] [B] [C] [D] [E] [F]